Jenseits der Mauern

Intuitives Essay

Friedwart Uhland

Liebe Leserin! Ich spreche dich persönlich an, weil du vielleicht meine einzige Leserin bleibst. Auf jeden Fall bist du jetzt mit diesem Büchlein allein. Der Untertitel lautet "Essay", was soviel wie Versuch heißt. Hier möchte ich auf deine Mitarbeit oder zumindest dein Verständnis hoffen. Mein Text soll über das Gesagte hinaus Emotionen erzeugen, die von deiner Seele gesteuert werden. Diese Seele ist einzigartig wie ein Speicher deiner Erinnerungen. Und alles, was neu hinzukommt, tritt mit dem Vorhandenen in Beziehung. Ich gebe dir ein Beispiel. Wenn wir etwas lernen, machen wir nur dann Fortschritte, wenn das Neue auf dem schon Gewußten aufbaut. Nun noch ein Beispiel zum Beispiel: Eine Fremdsprache kann nur stufenweise und nicht an einem Tag erlernt werden. Wir brauchen die Nacht dazu, in der wir gewöhnlich schlafen. Unsere Seele bleibt aktiv, wir träumen, wissen nach dem Aufwachen noch, von was wir geträumt haben. Wir können vor dem Einschlafen uns etwas bildhaft vorstellen, und manchmal erleben wir dann im Traum eine unerwartete Fortsetzung. Unser Unterbewusstsein, das wir für unsere Zwecke Überbewusstsein nennen wollen, steuert unser Traumerleben. Ich behaupte, dass unser Überbewusstsein. auch im scheinbar traumlosen Tiefschlaf aktiv ist und dass wir das mit einiger Übung auch im Tagesbewusstsein wahrnehmen können. Wenn du dich schon mit Meditation oder anderer esoterischer Praxis auseinandergesetzt hast, dann ist dir das vertraut. Zur Einführung geeignet ist das Buch von Rudolf Steiner: Wie erlangt man Erkenntnisse der höheren Welten? (auch als e-book bei Kindle)

<u>Nun aber eine erste Übung:</u> Woran denkst du, wenn du das Wort MAUER hörst? Welche Gefühle verbindest du mit Mauern? Wann hast du schon einmal von Mauern gelesen? Bitte nichts aufschreiben oder merken wollen. Dein Überbewusstsein weiß schon, wie es deine Einfälle bewertet.

Wenn du willst, mach eine Pause. Mein stärkster Eindruck von einer Mauer war die Berliner

Mauer. Sie trennte Ost-und
Westberlin. Und zwar habe ich
in Erinnerung die
Fernsehbilder aus der Nacht
vom 9. auf 10. November
1989, als jubelnde Menschen
auf der Mauer saßen. Der Fall
der Mauer ist für mich
emotional wichtiger als ihr
Bau im Jahr 1961. Inzwischen
sind 30 Jahre vergangen und
ich würde mich daher nicht
wundern, wenn du als junge
Leserin eher das Fernsehbild
im Kopf hast, wo Ptäsident
Trump einen Teil der Mauer
zwischen den USA und

Mexiko besichtigt. Mauern als Grenzbefestigungen gab es auch schon im Altertum (LIMES zwischen Römern und Germanen) oder die chinesische Mauer, die etwa 2700 Jahre alt ist. Wenn du eine dieser politisch bedingten Mauern im Kopf hattest, hat dein Überbewusstsein dich als politisch denkende Leserin eingestuft.

Mir als langjährigem Deutschlehrer kommen zwei literarische "Mauertexte", die beide zur Weltliteratur gehören, in den Sinn. Ich habe sie immer wieder zitiert, auch in meinen verschiedenen Essays und will dies noch einmal tun. Solltest du sie nicht kennen, freue ich mich, dir eine besondere Freude zu machen. Wenn du einen Text kennen solltest, ist es eine Wiedersehensfreude. Es ist zunächst ein Gedicht von Friedrich Hölderlin, das er kurz vor seiner Umnachtung geschrieben hat.

Hälfte des Lebens

Mit gelben Birnen hänget

*Und voll mit wilden Rosen
Das Land in den See,
Ihr holden Schwäne,
Und trunken von Küssen
Tunkt ihr das Haupt
Ins heilignüchterne Wasser.*

*Weh mir, wo nehm ich, wenn
Es Winter ist, die Blumen, und wo
Den Sonnenschein,
Und Schatten der Erde?
Die Mauern stehn
Sprachlos und kalt, im Winde
Klirren die Fahnen.*

Der zweite Text ist von Franz Kafka. Max Brod hat ihn nach Kafkas Tod herausgegeben und ihm den Titel "Kleine Fabel" gegeben. Zitiert wird nach der Originalfassung der Handschrift Kafkas.

"Ach", sagte die Maus, "die Welt wird enger mit jedem Tag. Zuerst war sie so breit, daß ich Angst hatte, ich lief weiter und war glücklich daß ich endlich rechts und links in der Ferne Mauern sah, aber diese langen Mauern eilen so schnell auf einander zu daß ich schon im letzten Zimmer bin und dort im Winkel steht die Falle, in die ich laufe." "Du mußt nur die Laufrichtung ändern", sagte die Katze und fraß sie.

<u>Eine zweite Übumg</u>: Lies beide Texte mehrfach laut und versuche dabei die Betonung zu finden, welche dir besonders gefällt. Achte

darauf, ob du während des Lesens stärker betonst oder die Lesegeschwindigkeit veränderst. Wie verändert sich mit unterschiedlichem Lesen dein Gesamteindruck?
<u>Eine dritte Übung für Unerschrockene</u>: Tue etwas, was streng verboten ist. Ändere jeweils den Schluss der beiden Texte und beobachte, wie sich dann die Aussage verändert.

a) Hölderlin

Die Mauern stehn
Stark und fest, im Winde
Flattern die Fahnen.

b) Kafka

*"Du mußt nur die Laufrichtung ändern",
sagte ihr Begleiter, der aufmerksam
zugehört hatte.*

Um uns für unseren Frevel des Eingriffes in fremde Texte zu entschuldigen, werde ich selbst die Originale noch einmal laut lesen und ich bitte dich, das auch zu tun.

Jetzt wäre wieder die Zeit für eine Pause und eine Tasse Tee.

Bei mir haben die Mauern eine weitere Gedankenverbindung

ausgelöst, die ich wohl deshalb hatte, weil ich diese Verbindung zwischen tausendjährigem Brauchtum der Azteken und modernem Philosophieren immer gern hatte. Lies einfach einmal und lass dich überraschen.

Die Völker Mittelamerikas hatten große Arenen, die ringsum von Mauern umschlossen waren. Hier fanden zu Ehren der Götter Ballspiele statt. Die verlierende Mannschaft wurde dann den Göttern geopfert. Ich habe einmal auf einem Videoclip ein solches in der heutigen Zeit rekonstruiertes Spiel gesehen. Zwei Mannschaften versuchen mit einem Ball einen etwa quadratmetergroßen mit Farbe hervorgehobenen Teil in der Mauer zu treffen. Der Ball ähnelt zwar unserem Fußball, man merkt aber bald, dass nach ganz anderen Regeln gespielt wird. Die Spieler dürfen den Ball weder mit den Händen noch mit den Füßen berühren. Dadurch ergibt sich, dass der Ball entweder mit den

Knieen oder den Ellbogen
geschlagen wird. Ein
Schiedsrichter zählt die Treffer
und bewertet die Fouls. Wenn
der Ball doch mit Händen oder
Füßen berührt wurde, gilt dies
als Foul.

Meine Gedankenverbindung
geht zu dem modernen
Philosophen Martin
Heidegger, der unser Leben
mit einem Ballspiel verglich.
Wir sind alle bei der Geburt
wie ein Ball, der über eine
Mauer auf ein Spielfeld
geworfen wird. Die

Spielregeln kennen wir nicht, aber es geht manchmal heftig zur Sache. Wenn das Spiel aus ist, werden wir wieder über die Mauer zurückgeworfen. Heidegger äußert sich bewusst nicht darüber, was jenseits der Mauer ist.

Es gibt da verschiedene Möglichkeiten, die alle im Laufe der Zeit von verschiedenen Kulturen, Religionen und den unterschiedlichsten Denkerinnen eingenommen wurden. Ich biete dir eine Auswahl an.

a) Ein Jenseits existiert nicht, das Wort gibt es zwar, das steht aber nur für das reine NICHTS. Das menschliche Leben beginnt biologisch mit der Vereinigung von Eizelle und Samenzelle. Die vererben die Eigenschaften von Mutter und Vater und damit auch die ganzen Generationenketten bis in alle Urzeiten. Der Tod führt zur Auflösung des Körpers in seine anorganischen Baustoffe. Hat der Mensch nicht zu

Lebzeiten seine Erbinformationen an eine nächste Generation weitergegeben, ist es so, als habe er biologisch nicht existiert.

b) Eine Erweiterung dieser Position sehen wir, wenn wir die kulturellen Leistungen berücksichtigen, die ein Mensch in seinem Leben erbracht hat. Er hat ein Buch geschrieben, ein Haus gebaut, eine Firma gegründet und all das geschaffen, was vererbt werden kann. Dies alles hat sein biologisches Leben überdauert. Den meisten Menschen wird es aber so gehen, dass ihre kulturelle Hinterlassenschaft aus einem Grab und ein paar Familienfotos besteht.

c) Viele Menschen gehören einer Glaubensgemeinschaft oder Kirche an. Damit überlassen sie es manchmal anderen Menschen zu entscheiden, was sie glauben sollen. Oft hören sie dann, dass es ein Jenseits gibt und dass sie dort weiterleben. Ihr diesseitiges Leben führt zur Aufnahme in den Himmel oder die Hölle. Die großen Glaubensgemeinschaften wie Juden, Christen, Muslime fühlen sich durch Heilige Schriften an ihren Gott gebunden.

d) Vor allem in buddhistischen Glaubensgemeinschaften, aber auch in der von Rudolf Steiner begründeten Anthroposophie und der von ihm begleiteten Christengemeinschaft wird die Reinkarnation gelehrt. Es ist eine Lehre, die einen Kreislauf

zum Prinzip alles Vergehens
und Entstehens macht. Die
Seele des Menschen ist damit
unsterblich, während der
Körper sterblich ist. Der
Kreislauf der Wiedergeburten
ist variantenreich, auch Tiere
können in ihn einbezogen sein.

Ein Sandwich wäre in der Pause fein.

Nun kommt eine Frage, die du
oft ein Leben lang immer
wieder anders beantwortest.
Welche der Möglichkeiten, das
Jenseits zu denken, willst du
als für dich gültig wählen? Bei

der Antwort bist du ganz auf dich und dein Überbewusstsein gestellt. Eine Hilfe wäre natürlich, wenn du etwas wüsstest, von dem du ganz sicher bist, dass es richtig ist. Leider gibt es ja viele Lügen, Täuschungen und Irrtümer, die alle mit dem Schein der Wahrheit daherkommen. Der französische Philosoph Descartes sah sich genau vor diesem Problem und suchte nach einer unbezweifelbaren Wahrheit. Auf einer solchen WAHRHEIT als Fundament ließe sich dann das ganze

Wissen der Menschheit logisch und alle überzeugend aufbauen. Er dachte dabei an die Gesetzmäßigkeiten der Mathematik, deren Wahrheit auch von niemandem bezweifelt wird.

Descartes fand eine erste unbezweifelbare Wahrheit in der Tatsache, dass er etwas sah, etwas hörte, etwas fühlte, denken und sprechen konnte. Das zusammen machte sein Ich aus. Er formulierte das in einem berühmt gewordenen lateinischen Satz: Cogito, ergo sum. Ich denke, deshalb bin ich.

Wir alle können diesen Satz auf unser eigenes Ich beziehen und als absolut unbezweifelbar anerkennen. Sowohl Außenwelt als auch Ich sind aufeinander bezogen. Ohne die Wahrnehmung des Ich gäbe es die Außenwelt nicht und ohne die Außenwelt gäbe es das Ich nicht. Es gibt Überschneidungen, denn das Ich fühlt, dass sein Körper Teil der Außen- und der Innenwelt ist, es fühlt zum Beispiel Schmerzen. Der Topf, in dem das Wasser kocht, scheint die Hitze nicht zu spüren.

<u>Eine vierte Übung</u>: Mache dir ein Bild davon, was du in diesem Moment als dir gegenüberstehende Außenwelt empfindest. Wie kannst Du mit deiner Phantasie einzelne Dinge wegdenken und andere dazudenken?

<u>Eine fünfte Übung:</u> Du kennst sicher das Märchen 'Frau Holle' aus der Sammlung der Brüder Grimm. Auf dem Weg zu Frau Holle kommen das

fleißige und das faule
Mädchen an einem Backofen
und an einem Apfelbaum
vorbei.

a) *Auf dieser Wiese ging es fort und kam zu einem Backofen, der war voller Brot; das Brot aber rief: "Ach, zieh mich raus, zieh mich raus, sonst verbrenn ich: ich bin schon längst ausgebacken." Da trat es herzu und holte mit dem Brotschieber alles nacheinander heraus. Danach ging es weiter und kam zu einem Baum, der hing voll Äpfel, und rief ihm zu: "Ach schüttle mich, schüttle mich, wir Äpfel sind alle miteinander reif." Da schüttelte es den Baum, daß die Äpfel fielen als regneten sie, und schüttelte bis keiner mehr oben war, und als es alle in einen Haufen zusammengelegt hatte, ging es wieder weiter.*

b) *Sie kam, wie die andere, auf die schöne Wiese und ging auf demselben Pfade weiter. Als sie zu dem Backofen gelangte, schrie das Brot wieder: "Ach, zieh mich raus, zieh mich raus, sonst verbrenn ich, ich bin schon längst ausgebacken." Die Faule aber antwortete: "Da hätte ich Lust, mich schmutzig zu machen," und ging fort. Bald kam sie zu dem Apfelbaum, der rief: " Ach schüttle mich, schüttle mich, wir Äpfel sind alle miteinander reif. " Sie antwortete aber: "Du kommst mir recht, es könnte mir einer auf den Kopf fallen" und ging damit weiter.*

Gib die beiden Geschichten mit deinen eigenen Worten wieder und beachte dabei immer zwei Sichtweisen,

einmal den Blick aus dem
Innern der beiden Mädchen
und einmal einen Blick aus
den Broten bzw. dem
Apfelbaum und den Äpfeln.
Auch hier brauchst du nichts
aufschreiben, du bist ja nicht in
der Schule und schreibst
keinen Aufsatz.

Sicher hast du bemerkt, dass es
nicht so einfach ist, dauernd
den Standort zu wechseln.
Einfacher scheint es, wie im
vorliegenden
Märchenausschnitt, nur von

außen zuzusehen und zuzuhören.

Das dauernde Wechseln vom Ich, das erzählt, zum Gegenstand des Erzählens, in den das Ich gewissermaßen hineinkriecht und aus dem heraus es erzählt, ist für uns ungewohnt. Es ist aber eine der wichtigsten Übungen, um das intuitive Sehen der Seele zu schulen.

Jetzt hast du aber eine große Pause verdient. Lass am besten eine Nacht vergehen.

Guten Morgen! Ich hoffe, du hast gut geschlafen. Im Schlaf war dein Überbewusstsein tätig und es fordert dich jetzt auf, nach dem Sinn der Übungen zu fragen. Mit einer direkten Antwort muss ich dich noch etwas vertrösten, wir sind aber schon auf einem guten Weg.

Zunächst wollen wir uns klar darüber werden, was wir unter Intuition bzw. intuitiv verstehen. Das Wort stammt aus dem Lateinischen und bedeutet "genaues Hinschauen", meist im Sinn einer "Eingebung". Wir können nicht erklären, wie und warum es zu einer Intuition kommt, aber ich bin sicher, dass du auch schon Intuitionen erlebt hast, wenn du folgende Beispiele betrachtest.

1) Du bemühst dich, eine mathematische Aufgabe zu lösen, kommst aber nicht weiter. Plötzlich "siehst" du die richtige Lösung.

2) Du spielst seit Jahren im Lotto, immer die gleichen Zahlen. Plötzlich glaubst du

eine Stimme zu hören, hör auf
mit dem Lotto. Das tust du
auch. In dieser Woche hättest
du den Hauptgewinn gehabt.

3) Wir können uns nicht
erklären, warum wir uns für
eine politische Meinung
einsetzen, eine andere aber
ablehnen.

4) Warum kann uns ein
Mensch auf den ersten Blick
sympathisch, ein anderer
dagegen unsympathisch sein?

5) Der jetzige amerikanische Präsident Trump sagte von sich, er folge lieber seinen Instinkten als dem Rat von Fachleuten. Geht es dir manchmal auch so?

6) Glaubst du, dass du mit Gebeten anderen Menschen helfen kannst?

7) Möchtest du in die Zukunft sehen können oder bist du froh darüber, dass sie uns verschlossen bleibt?

8) Glaubst du an Weissagungen und Prophezeiungen?

9) Bemerkst du bei dir einen ausgesprochenen Widerspruchsgeist?

10) Möchtest du dein jetziges Leben grundlegend ändern?

Weitere Beispiele aus den Bereichen Partnersuche, Berufswahl, Reisen, Hobbies findest du sicher selbst. Intuition wird manchmal auch beschrieben als Bauchgefühl, Ahnung, schöpferische Kraft. Das Bedürfnis von Menschen, mehr als ihre materielle Sinnenerfahrung zu haben, ist sehr stark. In früheren Zeiten galt die Vereinigung mit dem Göttlichen als oberstes, allerdings kaum erreichbares Ziel. Das Leben im Kloster sollte diesem Ziel dienen. Für wenige Augenblicke scheint wenigen Menschen der Weg zur Vereinigung mit dem Göttlichen gelungen zu sein. Man bezeichnete diese

Vereinigung als UNIO MYSTICA.

<u>Sechste Übung</u>: Du hast sicher in deinem Leben auch Misserfolge erlebt. Versuche einmal einen solchen scheinbaren Misserfolg als VORAUSSETZUNG für ein glückliches Gelingen zu werten.

zum Schluss ein Zitat von Christoph Hueck:

Geistig lebt der Mensch innerhalb der Dinge, ja der

ganzen Welt. In der Intuition wird dieses Einssein von Ich und Welt voll bewusst.

Literaturverzeichnis

Intuition - das Auge der Seele
Die Darstellung des intuitiven Erkennens im schriftlichen Werk Rudolf Steiners
zusammengestellt und kommentiert von Christoph Hueck

Akanthos Akademie Edition
Stuttgart, 2019

Rudolf Steiner: Wie erlangt man
Erkenntnisse der höheren Welten? kindle
e- book

Brüder Grimm: Frau Holle, KHM 24
kindleunlimited

Franz Kafka (Kleine Fabel)
Originalfassung
Fischer Klassik plus

Friedrich Hölderlin: Gesammelte Werke
kindleunlimited